CUANDO LOS GRANDES ERAN PEQUEÑOS

GABRIEL GARCÍA MÁRQUEZ
GABITO

GEORGINA LÁZARO   Ilustrado por RAFAEL YOCKTENG

LECTORUM
PUBLICATIONS, INC.

Al ser destapado por el gigante, el cofre dejó escapar un aliento
glacial. Dentro sólo había un enorme bloque transparente,
con infinitas agujas internas en las cuales se despedazaba en
estrellas de colores la claridad del crepúsculo. Desconcertado,
sabiendo que los niños esperaban una explicación inmediata,
José Arcadio Buendía se atrevió a murmurar:
—Es el diamante más grande del mundo.
—No —corrigió el gitano—. Es hielo.

GABRIEL GARCÍA MÁRQUEZ
Cien años de soledad

A LA MEMORIA DE DOS ABUELOS INOLVIDABLES:
SU PAPALELO Y MI ABUELO PEPE
G.L.L.

GABRIEL GARCÍA MÁRQUEZ – GABITO

Text copyright © 2014 Georgina Lázaro

Illustrations copyright © 2014 Rafael Yockteng

Library of Congress Cataloging-in-Publication Data
Lázaro León, Georgina, author.
Gabriel García Márquez : Gabito / Georgina Lázaro ; ilustrado por Rafael Yockteng.
pages cm
ISBN 978-1-632459-88-6
1. García Márquez, Gabriel, 1928---Juvenile poetry. 2. Children's poetry, Puerto Rican.
3. Authors, Colombian--20th century--Biography--Juvenile literature. I. Yockteng, Rafael,
illustrator. II. Title.
PQ7440.L42G33 2014
861'.64--dc23
2013046374

ISBN 978-1-632459-88-6
10 9 8 7 6 5 4 3 2 1
Printed in China

Por las calles polvorientas
de un pueblito bananero
camina un niño curioso
como quien sigue un lucero.

Hace miles de preguntas.
Contesta afable su abuelo
que le ha mostrado el secreto
incomprensible del hielo.

¿Por qué están tiesos los pargos?
¿Sabes quién era Mambrú?
¿Qué significa Macondo?
¿Por dónde queda Perú?

Se escucha el pito del tren,
la voz de las golondrinas,
el clic, clic, clic del telégrafo,
las canciones pueblerinas.

En el reloj dan las once.
Van juntos a la estación.
Ya llega el tren amarillo,
mas no trae la pensión.

TREN AL PAÍS
DEL
REALISMO - MÁGICO

De regreso el coronel
Nicolás Márquez Mejía
sigue contando la historia:
la guerra de los Mil Días.

De la mano, como siempre,
comparten su afinidad.
Recorren el paraíso
juntos en la soledad.

Son el uno para el otro.
¡Qué amistad tan singular!
Son Gabito y Papalelo
los dos hombres del hogar.

ARACATACA

Viven en una casona
olorosa de jazmines,
guardada por dos almendros
y cien grillos cantarines.

Tiene en el patio un castaño
frondoso y acogedor,
un corredor de begonias
y un jardín multicolor.

Fabricando caramelos
los espera en la cocina,
junto a otras cuatro mujeres,
cantando, la abuela Mina.

Hornean ricos panecillos
la tía Pa y la tía Nana.
La prima Sara conversa,
menea la olla tía Mama.

Y en una esquina chillando
se encuentra Lorenzo el loro
que otra vez está gritando:
"¡Ya viene, ya viene el toro!".

A la hora de la comida,
sentado en la cabecera,
el abuelo come y come;
el niño escucha y espera.

Que haga una historia el abuelo,
que hable de un sueño la abuela,
que entre cuento y comentario
la vida se le desvela.

Entonces inventa un cuento,
participa del debate
y, para asombro de todos,
añade algún disparate.

"¡Esto me sabe a ventana!",
dice Gabito, exigente,
probando con su cuchara
un sancocho muy caliente.

Después de almorzar, la siesta.
El silencio es requisito.
Tienen asma las gallinas,
se oyen zumbar los mosquitos.

El sopor queda flotando;
el tedio, la soledad.
A las tres explota el trueno
y vuelve la actividad.

Entra al taller de su abuelo
que le lee algunas noticias,
le da un lápiz y un cuaderno,
le regala una caricia.

Fabricando pescaditos
se entretiene el coronel.
Tienen ojos de esmeralda,
de oro radiante la piel.

Luego, callado, Gabito
busca un lugar en el suelo.
¡Con cuánto placer dibuja!
Parece que se alza en vuelo.

Cuando se acerca la noche
reaparece abuela Mina
con sus dotes de cuentera,
curandera y adivina.

"¡Ay, niño, qué parpadeo!",
dice doña Tranquilina.
"Ven, que tendré que aplicarte
colirio de rosa fina".

"Yo creo que estás zurumbático.
¿Serán piojos o lombrices?
Y déjame ver qué tienes
ahí dentro de tus narices".

Con una cara de palo
le hace cuentos increíbles
de difuntos que andan vivos
y duendes que son terribles.

Y así, mientras canta y cuenta
de espíritus y fantasmas,
Gabito se turba y tiembla,
pero el temor lo entusiasma.

Asustado se va al cuarto
que comparte con tía Mama.
Miedo, espanto y sobresaltos
lo acompañan en la cama.

Termina la pesadilla
cuando comienza a clarear.
Entrando por las rendijas
el sol dice: "Ve a jugar".

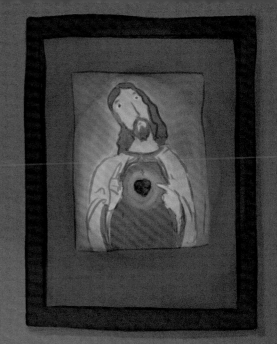

Pero antes hay que asearse.
¡Suerte la de abuela Mina!
Sus dientes se lavan solos
como en un baño de tina.

Al verlos discurre el niño,
fantasioso y ocurrente,
que la boca de su abuela
tiene un hueco hasta la frente.

"Venga, mi Napoleoncito",
le dice al niño el anciano,
"que hoy vamos a caminar
por los campos de bananos".

Una voz rasga el silencio.
Es Papalelo que narra.
Y allá, en el almendro triste,
canta, canta una chicharra.

Por un sombrío túnel verde
llegan juntos hasta el río:
fresco, limpio, transparente,
como gota de rocío.

Entre sus enormes piedras
como huevos colosales
disfrutan, abuelo y nieto,
de sus baños matinales.

Esta tarde van al circo
con su carpa remendada,
su desorden de colores,
la alegría de las gradas.

Detrás de ellos va una nube
de ilusión y maravilla
formada por cien… ¡doscientas!
mariposas amarillas.

Los esperan los payasos,
los micos, los trapecistas,
elefantes, domadores,
un oso, un malabarista.

—Vamos a ver el camello.
—No es camello, es dromedario.
—¿Y cuál es la diferencia?
—Nos lo dirá el diccionario.

Al regresar a la casa
sobre el buró lo colocan.
Es el que lo sabe todo,
el que nunca se equivoca.

—¿Y cuántas palabras tiene?
—Todas —responde el abuelo.
Y aunque él no sabe leer
le descubre el mundo entero.

Un buen día llegan al pueblo
sus padres y sus hermanos.
Comienza así a conocerlos,
a sentirlos más cercanos.

Luis Enrique, el más travieso;
Margot, triste y retraída,
y Aida Rosa, la pequeña,
un botoncito de vida.

Muy pronto nacen dos más.
El tiempo sigue pasando.
Va creciendo la familia
y Gabito, madurando.

Ya tiene más de seis años.
Gabito asiste a la escuela.
Lo cautiva una maestra
con fulgor de lentejuelas.

Con ella aprende a cantar
y a estudiar como quien juega.
Más tarde aprende a leer
y a la lectura se apega.

Buscando entre cachivaches
descubre un libro muy viejo.
Cuenta de una alfombra mágica,
lámparas, genios, espejos.

Mil y una noches de cuentos;
su lectura le fascina.
Es una ampliación del mundo
mágico de abuela Mina.

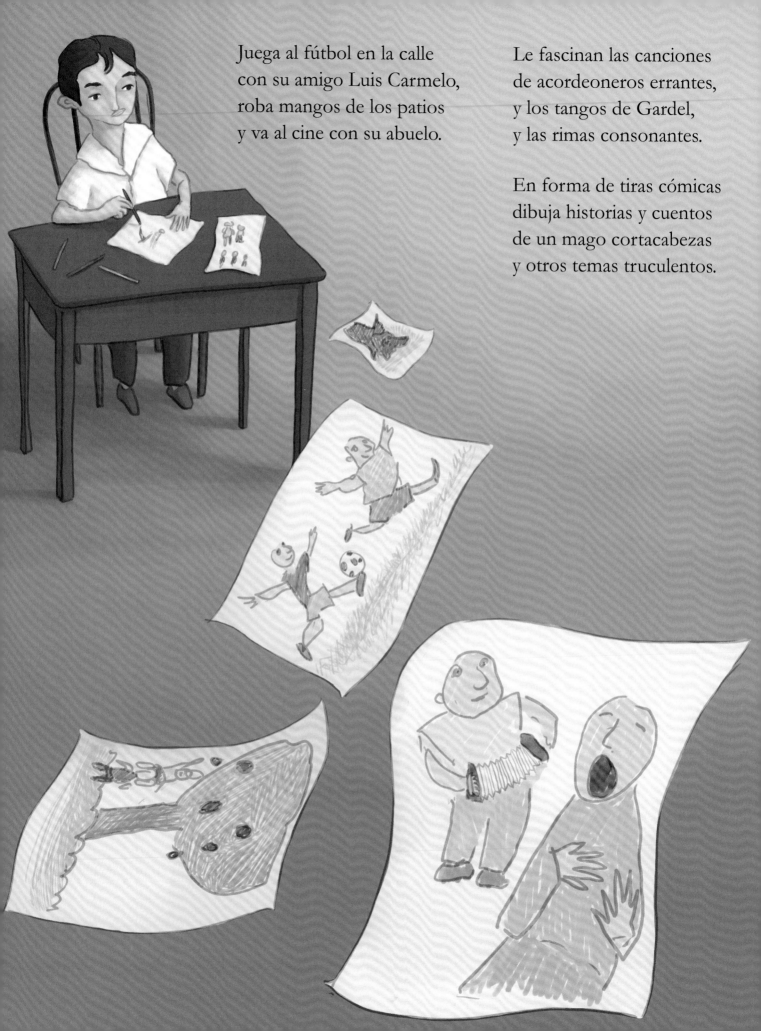

Juega al fútbol en la calle
con su amigo Luis Carmelo,
roba mangos de los patios
y va al cine con su abuelo.

Le fascinan las canciones
de acordeoneros errantes,
y los tangos de Gardel,
y las rimas consonantes.

En forma de tiras cómicas
dibuja historias y cuentos
de un mago cortacabezas
y otros temas truculentos.

Hierven las calles de polvo,
huele a jazmín y ambrosía,
se oye lejana una cumbia,
pasa el tren, pasan los días.

Tiene diez años Gabito
cuando se muere su abuelo.
La casa queda sin alma.
El niño pierde su cielo.

Deja su niñez dormida
a la sombra del castaño,
sin saber que ha de encontrarla
al cabo de muchos años.

Se va a vivir con sus padres
llevándose un gran tesoro:
la semilla de su sueño
y un pescadito de oro.

Los cuentos, el diccionario,
los recuerdos y la magia,
rostros, nombres y palabras,
la soledad, la nostalgia.

Al cumplir los doce años
suelta amarras, suelta anclaje.
Parte siguiendo una meta;
comienza el peregrinaje.

Solo por primera vez,
interno se va a estudiar.
Primero va a Barranquilla
y luego a Zipaquirá.

Termina con grandes triunfos
sus estudios superiores.
Presionado por sus padres
va en pos de rutas mejores.

Deja el Caribe radiante
navegando por el río.
Llega hasta la capital,
un lugar oscuro y frío.

Por complacer a su padre
decide estudiar derecho,
atesorando su sueño
oculto dentro del pecho.

Mas el ansia de escribir
arde adentro, en su memoria.
Poesía e imaginación
van formando las historias.

Desde su tibia añoranza
la semilla al fin germina.
Se revela un escritor,
voz de América Latina.

Es Gabriel García Márquez
que con su obra delirante
lleva nuestro continente
a lugares muy distantes.

De su inmensa fantasía,
lo milagroso, lo trágico,
lo imposible, lo asombroso…
florece el realismo mágico.

Al fabular nuestra historia
mezcla sueño y realidad.
Nos rescata del olvido.
Vence nuestra soledad.

¿TE GUSTARÍA SABER MÁS?

Gabriel García Márquez nació en la casa de sus abuelos maternos, en Aracataca, un pueblo bananero del departamento de Magdalena, en Colombia, el 6 de marzo de 1927. Fue el primero de los once hijos de Gabriel Eligio García y Luisa Santiaga Márquez. Su infancia transcurrió al cuidado de sus abuelos, el coronel Nicolás Márquez Mejía, veterano de la guerra de los Mil Días y Tranquilina Iguarán, cuya familia era una de las más antiguas del pueblo. En Aracataca comenzó el preescolar en el Colegio Montessori, a la edad de seis años, y aprendió a leer y a escribir en primer grado, cuando tenía ocho años.

Al morir su abuelo se fue a vivir con sus padres a Sucre, donde asistió a la escuela pública. Luego se trasladó a Barranquilla para cursar los primeros grados de secundaria en el Colegio San José. Allí colaboró en la revista Juventud publicando sus primeros poemas. A los 16 años obtuvo una beca e ingresó como interno en el Liceo Nacional de Varones de Zipaquirá donde confirmó su gusto por dibujar, leer y escribir. Fue reconocido como el mejor alumno de la promoción de bachilleres de 1946.

A los 20 años, presionado por sus padres, se fue a Bogotá con la intención de estudiar Derecho y Ciencias Políticas en la Universidad Nacional de Colombia, carrera que interrumpió llamado por su verdadera vocación, la de ser escritor. Ya para esa época había publicado varios cuentos y poesías en periódicos y revistas.

En 1950 comenzó a colaborar con una columna diaria, *La Jirafa,* en El Heraldo, y a escribir su primera novela, *La hojarasca.* Dos años después viajó con su madre a Aracataca para vender la casa en donde había nacido. Ese viaje cambió su destino literario ya que encendió la idea de su novela más famosa y considerada como un gran referente del realismo mágico, *Cien años de soledad,* que se publicó quince años después con un éxito asombroso. Ya había publicado varias novelas: *La hojarasca, La mala hora, El coronel no tiene quien le escriba* y *Los funerales de la Mamá Grande.* Luego de *Cien años de soledad* publicó muchas otras: *El otoño del patriarca, Crónica de una muerte anunciada, El general en su laberinto, El amor en los tiempos del cólera,* pero fue *Cien años de soledad* con la que ganó reconocimiento internacional como escritor y por la que comenzó a recibir premios de todos los rincones del mundo.

García Márquez es considerado uno de los grandes escritores del siglo XX. En 1982 obtuvo el Premio Nobel de Literatura, según el laudatorio de la Academia Sueca, "por sus novelas e historias cortas, en las que lo fantástico y lo real se combinan en un tranquilo mundo de imaginación rica, reflejando la vida y los conflictos de un continente".